ATRIUM

ERICH KÄSTNER
DAS IST BERLIN!
ERICH KÄSTNER UND SEINE STADT
1927–1933

Herausgegeben von Sylvia List

Atrium Verlag · Zürich

Erich Kästners Werke erscheinen im Atrium Verlag in ihrer originalen Textgestalt. Die Sprache hat sich im Lauf der Jahrzehnte gewandelt, manche Begriffe werden nicht mehr oder anders verwendet. Aus urheberrechtlichen Gründen wurde darauf verzichtet, Kästners Sprache – die eines aufgeklärten Moralisten und Satirikers – dem heutigen Sprachgebrauch anzupassen.

MIX
Papier | Fördert gute Waldnutzung
FSC® C083411

Erstausgabe
2. Auflage 2025

Umschlaggestaltung: Kathrin Steigerwald, Hamburg
Umschlagmotiv: © akg-images
Satz: Pinkuin Satz und Datentechnik, Berlin
Druck und Bindung: CPI books GmbH, Leck
Printed in Germany
ISBN 978-3-85535-138-1
GPSR (General Product Safety Regulation)-Kontakt: W1-Verlage GmbH, Semperstraße 24, 22303 Hamburg, gpsr@w1-verlage.de

www.atrium-verlag.com

Inhalt

Erich Kästner erinnert sich: Berlin 1927

Berlin war damals die interessanteste Großstadt der Welt. Es war die Metropole und verdiente sich diesen Titel jeden Tag und auch jede Nacht von neuem. Theater und Kunst, Musik und Literatur, Mode und Schönheit, Lust und Laster, alles drängte sich, wie unterm Brennglas, zusammen. Freilich, unterm Brennglas ist es heiß. Es gab viel Blühen und auch hektische Blüten. Es gab viel Verwelken und auch Verbrennungen dritten Grades. [...] Es war ein Leben auf dem hohen Seil, und es war ein Leben ohne Netz. Und wer sich das Genick nicht brach, fand dieses Leben hinreißend. In Berlin fragte niemand nach der Hautfarbe, nach dem Pass, nach dem Bankkonto, nach der Vorbildung, nach den Zensuren, nach der Familienchronik. Es hieß nur: »Hic Berolina, hic salta!« Wem der Sprung gelang, der war qualifizierter Berliner. Von einem Tag zum andern. Und wenn er aus Somaliland stammte. Wem der

Sprung misslang, dem war nicht zu helfen. Für Mitleid blieb wenig Zeit.

Berlin als Film

Schon vormittags stehen die Berliner vor den Kassen des Tauentzienpalastes Schlange, um sich Karten für den Film *Berlin, die Sinfonie der Großstadt* zu erobern. Ein Jahr haben die Operateure gebraucht, um, unter Walter Ruttmanns Führung, die tausend Gesichter dieser einen Stadt in Bilder zu bannen; um nichts zu photographieren als das Tempo und die Buntheit Berlins. Die Stadt war ihnen Milieu und Held in einem; die Stadt von morgens bis mitternachts! Vom ersten Arbeiter, der früh in die leere Straße tritt, bis zum letzten Maskottchen, das beschwipst nach Hause stolpert; vom ersten Pfiff der Fabriken bis zur letzten Feuerwerksrakete im Lunapark; von der Arbeit bis zur Liebe enthüllten sie die großartige, hastige Fülle der Viermillionenstadt.

Hochbahnen, Autobusse, Straßenbahnen, Lastfuhrwerke, Menschenströme, Droschken, Züge,

Flugzeuge bewegen sich, und das Wirrsal aller Bewegungen ist: Berlin. Arbeiter, Angestellte, Verkäuferinnen, Straßenmädchen, Schulkinder, Flaneure, Selbstmörder, Bettler, Magnaten rennen durcheinander und nach tausend Zielen, und diese Jagd aneinander vorbei ist: Berlin. Zeitungen, Theater, Zirkus, Tanz, Kabarett, Maschinen, Schornsteine, Leierkästen, Hochzeit, Leichenwagen, Reklame, Bahnhöfe, Konditoreien, Bars, Kaschemmen zeigen sich und verschwinden, und dieser wilde Taumel der Dinge, der Pflichten und der Lüste ist: Berlin!

Also ist dieser Film eine Revue? Er will mehr, er will Sinfonie sein. Ruttmann versuchte, statt der bloßen Bildfolge, einen epischen Verlauf, der mit musikalischen Werken verglichen werden kann. Gewisse Themen kehren in Abständen wieder; neben Bildreihen, in denen Arbeit, Armut und Laster sichtbar sind, laufen kontrapunktisch andere, welche das Vergnügen und den Reichtum, den Genuss und den Feierabend zeigen. Die wahllose Fülle des Materials wurde so geordnet, dass Melodien und Akkorde, Themen und Variationen fürs Auge »hörbar« wurden. – Und der Plan einer Sinfonie wurde, auch musikalisch, weitergeführt. Edmund Meisel, der Piscator-Komponist, schrieb eine chronometrisch und klanglich dem Film eingefügte Musik dazu. Die Maschinen stampfen tatsächlich. Die Lokomotiven rollen und bremsen auch im Orchester, wenn sie's auf der Leinwand tun. Die Großstadt schreit in Augen und Ohren. Partitur für 75 Mann Besetzung! Bleche rasseln; der Viertelton-Flügel ist in Betrieb! Vor den Augen flimmert's, und die Ohren dröhnen von Dissonanzen!

So imposant dieser Versuch und so richtig er im Prinzip ist – er ist zu sehr [...] bedacht, durch äußere Effekte zu wirken. Er geht zu sehr von der These aus: Zehn Untergrundbahnen und tausend Menschen überzeugten uns eher als fünf Bahnen und hundert Menschen. Er unterschätzt den stellvertretenden Wert der Episode. [...]

Trotzdem – der Film *Berlin* ist ein aktiver Protest gegen den albernen Kurbelbetrieb jeder Sorte. Er will es sein, und er wird es bleiben.

Achtundvierzig Vögel

In einem der größten und neuesten Vergnügungslokale des Berliner Zentrums – ich hätte große Lust, den Namen zu nennen – befinden sich in achtundvierzig winzig kleinen Vogelbauern achtundvierzig gelbe Kanarienvögel. Die Sache klingt vorläufig noch harmlos, und um ihre grausame Lächerlichkeit im schönsten Licht zu zeigen, ist es erforderlich, das Milieu kurz vorzustellen. Der große Saal der Lokalität, mit Stuckatur und Säulen bepflastert, fasst sicher 800 Gäste. Zwei Jazzkapellen spielen abwechselnd und werden von relativ jungen Damen unterstützt, die mit Megaphonen vor dem Munde Schlagertexte schmettern. Varieté-Darbietungen, Girl-Hüpferei, Konfettischlacht und Tanz des Publikums wechseln in atemloser Folge. Animierfräuleins regen die älteren männlichen Besucher zu gesteigertem Sektgenuss an. Lärm, Tabakrauch, erotischer Rummel und Varieté-

Sensationen machen den Riesenraum zu einer besseren Art von Hölle, die man nur in bereits angeheitertem Zustand einigermaßen erfolgreich zu absolvieren imstande ist.

Wenn nun wirklich einmal für fünf Minuten jener ungewöhnliche Zustand eintritt, den man mit sehr viel gutem Willen als »Ruhe« bezeichnen kann, hört man plötzlich von irgendwoher vielstimmiges Zwitschern und Piepen. Man hebt den Blick und sieht rund um eine kitschige Säule zwölf kleine Vogelbauer, in deren jedem ein Kanarienvogel hockt und ängstliche Laute von sich gibt. Man blickt sich weiter um und stellt fest, dass sich an drei weiteren solchen Säulen je zwölf andere Bauer mit den kleinen gelben Vögeln befinden.

Achtundvierzig Kanarienvögel hocken in der halben Höhe dieses Rummelplatzes und sind von der Direktion dazu angestellt, etwaige Pausen des Radaus mit ihrem Gezwitscher auszufüllen. Selbstverständlich singen und piepen sie auch in der übrigen Zeit, doch da hört man sie nicht, und es wird vielleicht Besucher geben, denen die tierquälerische Geschmacklosigkeit überhaupt nicht auffällt, da sie mit den übrigen Attraktionen und mit der Getränkekarte zu sehr beschäftigt sind. Indessen haben die kleinen Tiere, in einer Atmosphäre, die in jeder Beziehung nicht das Richtige für Kanarienvögel ist, bis nachts drei Uhr geschäftlich zu tun. Jeder sitzt in einem Bauer, dessen Höhe und Breite höchstens 15 Zentimeter betragen, und zwitschert kläglich.

Es wäre gewiss aufschlussreich zu erfahren, wie lange (oder wie kurz) diese Vergnügungsvögel leben, und wie oft man, an Stelle der krepierten, neue engagieren muss.

Ballgeflüster
(Ist sehr sachlich zu sprechen)

Ich bin aus vollster Brust modern
und hoffe, man sieht es mir an.
Ich schlafe mit allen möglichen Herrn,
nur nicht mit dem eigenen Mann.

Ich schwärme für blutige Dramen.
Und wo man mich packt, bin ich echt.
Ich frag nicht nach Stand und Namen
und erst recht nicht nach dem Geschlecht.

Ich liebe nach neuester Mode.
Ich kenne den Dernier Cri.
Ich beherrsche jede Methode.
Mein Hündchen heißt Annemarie.

Ich kenne die tollsten Gebärden.
Ich flüstre das tollste Wort.

Ich liebe, um schlanker zu werden.
Ich liebe, als triebe ich Sport.

Ich haue und lasse mich hauen.
Ich regle den größten Verkehr.
Auf mir kann man Häuser bauen.
Liebchen, was willst du noch mehr?

Gefühl ist mir gänzlich fremd.
Ich leide nicht durch Gebrauch.
Ich hab unterm Kleid kein Hemd.
Und Kinder habe ich auch.

Morgen um fünf hätt ich Zeit.
Da dürften Sie mir was tun.
Mein Bett ist doppelt breit.
Um sechs kommt Mister White. –
Mein Herr, was sagen Sie nun?

Es liegt in der Luft!

Die Mode der literarischen Revue ist dabei, sich in Berlin durchzusetzen. Das literarische Kabarett ist tot, es lebe die literarische Revue! Die neue Gattung führt neue Leute hoch; Autoren wie Schiffer, Seeler, Hollaender, Arendt und Komponisten wie Nelson, Stransky, Hollaender, Spoliansky haben die richtige Aufgabe für ihr Talent gefunden. Jedes Theater sucht sich eine Revue zu sichern. Zwei bemerkenswerte Conférenciers, Schaeffers und Nikolaus, haben mit Willy Rosen *Berlin in 40 Stunden* geschrieben, die Revue der nächsten Spielzeit. Walter Mehring, hieß es, werde für Piscator eine Revue schreiben. Aber Julius Arendt hat sie dann geschrieben. Piscator kann sie nicht mehr aufführen, und so schreibt ihm Arendt für die nächste Saison eine neue. Revue an allen Enden! Doch es ist eine löbliche Mode. Sie aktualisiert das Theater. Sie interessiert das Publikum wieder für die Bühne.

Sie demonstriert Talente, die sonst verborgen blieben.

Auch die Reinhardt-Bühnen bringen, in der »Komödie«, eine Revue: *Es liegt in der Luft* heißt sie. Der Text ist von Marcellus Schiffer, die Musik von Mischa Spoliansky. 24 Bilder aus einem Warenhaus, diesem ausdrucksvollen Wahrzeichen der Großstadt. Ein Warenhaus hat alles, was man braucht. Und so kann der Autor alles, was er braucht, aus dem Milieu beziehen. Die Reste – Kaufwut der Frauen, die Kleptomanie, die Ping-Pong-Mode, die Erfolgsstücke der Saison, die Grammophonlieblinge, der Umtauschfimmel –, alles muss dran glauben. Von abgegebenen Hunden bis zur lesbischen Liebe, vom einfachen Ulk bis zur gesungenen Philosophie reicht das Fassungsvermögen des Spiels. Die geistvoll ordinäre Margo Lion, der sympathisch blödelnde Karlweis, der ach! so süß-schlanke Meyerinck, Wallburg mit dem eiligen Sprachfehler, die Wüst, der dunkelhäutige Tänzer Douglas, Willy Prager usw. bringen, von Spolianskys origineller Musik befeuert, die Revue zum Erfolg. Die Revue, in dieser Auffassung, ist ein Kabarett mit

Leitgedanken. Weiter nichts. Aber das genügt. Denn es lag in der Luft.

Provinz Berlin

Unter dem Motto »Berlin im Licht« hatte man jetzt, während einiger Abende, die Berliner Hauptstraßen illuminiert. Die Absicht des Magistrats und der privaten Firmen war, Berlin als Abendschönheit zu demonstrieren, in Wirklichkeit hat man aber etwas ganz anderes bewiesen: nämlich wie man Verkehrsstockungen veranstalten muss.

Die wochenlang vorher angepriesenen Beleuchtungseffekte gerieten ausgesprochen kläglich und verursachten eine Heiterkeit, die unbedingt notwendig war. Tausende von Automobilen schoben sich zähe durch die Straßen. Zehntausende von Menschen warteten gottergeben auf die polizeiliche Erlaubnis, den nächsten Schritt tun zu dürfen, und an besonders schwierigen Kreuzungspunkten fanden Geduldsspiele statt. Wir saßen in einem kleinen Auto, links und rechts von menschenbeladenen Rundfahrt-

Automobilen flankiert, und warteten, beispielsweise im Tiergarten, genau 47 Minuten, bevor wir einen der Plätze überqueren durften. Polizisten, Straßenbahnschaffner und mit Humor versehene Privatpersonen schwenkten kräftig die Hände, um einen Verkehr zu regeln, der absolut nicht zu bewältigen war. Zwei- bis dreitausend Automobile eröffneten endlich, nach einer halben Stunde stoischen Wartens, ein grandioses Hupenkonzert. Zudem fing es auch noch an zu regnen. Ein Passagier eines der Autobusse legte auf dem Verdeck der neben ihm stehenden Autotaxe Patience ... Im Staatstheater, wo Goethes *Egmont* aufgeführt werden sollte, musste das Drama in größter Eile umgedichtet werden, da einige der wichtigeren Darsteller während der Aufführungsdauer in Autos saßen, die, zwischen ihresgleichen eingekeilt, am Großen Stern standen ... Die Passanten versuchten, da auch sie langsam genug vom Fleck kamen und deshalb Zeit dazu hatten, die Autofahrer mit boshaften Zurufen zu unterhalten; und es entstand schließlich eine Atmosphäre, die so mit Missmut geladen war, dass hier nichts Abhilfe schaffen konnte, nicht einmal die Komik der Lichtwoche.

Außer zwei bis drei Straßen, die auch sonst hell erleuchtet und mit Lichtreklame bepflastert sind, lag Berlin, wie sonst, nicht im Licht, sondern im Dunkeln. Und jene wenigen illuminierten Straßen beschränkten sich auf weithin leuchtende Geschmacklosigkeiten. An den drei Straßenfronten eines der größten Kaufhäuser führten drei illuminierte Leitern bis hinauf unters Dach, und auf jeder dieser Leitern stand je ein aus Glühbirnen-Mosaik zusammengesetzter, bläulich strahlender Herr, in dessen einer hocherhobenen Hand das Licht zuckte, als ob er an Nervenjucken leide. Ferner war das köstliche Antlitz der jungen bronzenen Dame auf der Siegessäule von Osram verklärt worden; die Quadriga auf dem Brandenburger Tor schimmerte hell, und Unter den Linden hingen in jedem der herbstlichen Bäume sechs verhungerte Glühbirnen …

Wegen so ausschweifender Orgien des Lichts ließ sich die Berliner Bevölkerung stundenlang einregnen, als ob man in Klein-Naundorf wäre, doch ich will damit keinem Klein-Naundorf der Welt zu nahe treten.

Kunstgespräche

Die zuverlässigste Art, festzustellen, welches künstlerische Ereignis in Berlin gegenwärtig am höchsten eingeschätzt wird, schien mir die: in den offiziellen Kreisen der Literatur, der Malerei und der Schauspielkunst das Hauptgesprächsthema zu erkennen. Das Ergebnis dieser heimlichen Enquete war aufschlussreich genug. Die Schriftsteller, Zeichner, Journalisten, Sänger und Regisseure haben momentan ein gemeinsames Thema, und das heißt: Internationale Automobilausstellung! Sie sprechen nicht von den letzten Premieren, [...] nicht von den bedeutenden Kunstausstellungen [...] ...

Nein, sie sprechen von Cabriolet, Roadster, Sechszylinder, Vorderradantrieb und versenkbaren Notsitzen. Sie erweisen sich, in völlig kleinbürgerlicher Manier, als ehrgeizige Liebhaber des Autosports und stellen vergleichende und historische Betrachtungen nicht länger über Kunstthemen, sondern über Autotypen an. Sie sprechen davon, ihren alten Wagen zu verkaufen und die Summe beim Kauf des neuen möglichst vorteilhaft in Zahlung zu geben, oder sie rechnen öffentlich und im Stillen, ob sie in der Lage sein werden, sich einen Viersitzer anzuschaffen.

Der Busen marschiert

Frühmorgens geht das Kleid bis zum Knie
und das Fräulein ins Büro.
Das Kleid sitzt stramm auf der Anatomie
und lässt keinen Raum für die Phantasie.
Man sieht den Bestand ja auch so.

Da wird nichts an- oder abgeschraubt.
Da gilt kein Pseudonym.
Denn was man nicht sieht, das wird nicht
geglaubt.
Der Körper ist so, wie er ist, erlaubt.
Und die Haut passt haarscharf ins Kostüm.

Das wäre also der neue Stil?
Immer kurz, immer jung, immer schlank?
Doch schon wird der Frau das Zuwenig zu viel.
Es war nicht ihr Ernst, sondern wieder nur Spiel.
Und sie spuckt in den Kleiderschrank.

Aber abends, da flattert der Überhang,
und die Schleppe rauscht ums Gebein.
Der Wahn war kurz. Der Rock wird lang.
Und die Brust steht vor wie der Erste Rang
und schläft im Stehen ein.

Die Waden sind weg. Und die Hüften sind hin.
Der Schwund ist ziemlich komplett.
Nur der Busen marschiert und stößt ans Kinn.
Und die Frauen ähneln der Königin
Luise und tragen Korsett.

Nun tun sie wieder, als wären sie Feen,
und schweben massiv durch das Haus.
Doch wenn sie derartig vorübergehn,
so geht den Männern, die das sehn,
vor Schreck die Zigarre aus.

Ab 5 Uhr früh Reis mit Huhn

Es war in einer Bar. Ich trank schweigsam meinen Kognak und hatte allmählich den Eindruck, meine Schweigsamkeit liefe Gefahr, für hässliche Unhöflichkeit gehalten zu werden. Und deshalb sagte ich zu der jungen Bardame: »Ihr Beruf, so romantisch er scheint, hat seine Schattenseiten. Stets sind Sie hinter der Theke; nie sitzen Sie da, wo die Gäste sitzen. Wenn Sie nachts um drei den Dienst verlassen, sind die andern Lokale ebenfalls geschlossen. Sie können nirgends noch einkehren. Sie wissen kaum, wie es ist, am Tisch zu sitzen und selber zu bestellen …«

Zugegeben, dass ich etwas umständlich war. Trotzdem war meine Bemerkung ja schließlich kein Chinesisch. Aber die junge Dame schien es dafür zu halten. Denn ihre Antwort lautete: »Wie heißen Sie eigentlich mit Vornamen?«

»Erich«, erklärte ich, nicht wenig überrascht.

»Also, siehst du, mein Junge«, sagte sie – mein

Vorname gefiel ihr vermutlich nicht –, »erstens haben wir unsere freien Tage, und zweitens gehen wir für gewöhnlich, nach Lokalschluss, ins Kü-Ka. Kennst du den Saftladen?«

»Ja, schon, aber das Kü-Ka schließt doch sogar schon um ein Uhr nachts.«

»Aber um drei machen sie wieder *auf*, und dann gehen wir hin, die Barfrauen, die Kellner, die Musiker, die Chauffeure. Ein toller Betrieb. Musst ihn dir mal anschauen kommen.«

»Ganz bestimmt«, versicherte ich, »gleich heute. Das Gescheitste wird sein, ich gehe jetzt nach Hause schlafen, stehe nachts um drei wieder auf und geh hin.«

»Tu das, mein Junge«, meinte sie, »hau ab!«

Nachts kurz nach drei, halb ausgeschlafen, betrat ich das Kü-Ka. Kü-Ka heißt Künstler-Kaffee. Am Abend treten hier, zu einer guten Tasse Bohnenkaffee, noch bessere junge Kabaretttalente auf. Das kannte ich. Aber den Rummel nach drei …

Ich fand Platz. Hübsch in der Mitte des schmalen, lang gezogenen Lokals. Am Tisch saßen zwei junge Mädchen, nett und bürgerlich angezogen. Artistinnen, wie sich herausstellte. Nebenan saßen junge Männer mit Boxergesichtern und Handtellern, aus denen ganze Familien hätten essen können. Sie waren mit ihren Freundinnen da, jungen geschminkten Fräuleins von kaum zweifelhaftem Beruf. Fast an allen Tischen kannten sich fast alle.

Die Kellner waren von herkulischem Körperbau, und das war, wie sich noch herausstellen sollte, nicht ganz unwichtig. Sie bahnten sich, ohne erst höfliche Einladungen ergehen zu lassen, ihren Weg durch die Tischreihen, drängten die Neuankommenden derb zur Seite oder auf einen freien Stuhl und fühlten sich als Herren der Sachlage. Sie schienen vor ihresgleichen wenig Respekt zu haben, und wer mag wissen, gegen wen das am meisten sprach, ob gegen sie selbst oder gegen die Gäste.

Der »Laden« wurde nach und nach unheimlich voll. Ein großer, stiernackiger Elegant tauchte auf, ein Russe, von dem ich weiß, dass er zweimal in Madrid gegen Paolino geboxt hat. Seitdem filmt er in Neubabelsberg. Es ist weniger gefährlich und rentabler. – Eine alte, grauhäutige Vorstadtchanteuse kam an, mit ihren Noten und dem Klavierspieler unterm Arm; ihr Kleid, im Übrigen schwarz, bestand über der einstmaligen Brust aus tausenderlei bunten Perlen und Spitzen. – Ein Neger, bis drei rotjackiger Boy in der Königin-Bar, erschien und lächelte den vielen Bekannten zu. – Wippende, als Frauen verkleidete Transvestiten, die vorher im Eldorado der Unterhaltung dienen, kamen an; das am Nachmittag scharf ausrasierte Kinn schimmerte schon wieder blau und störte die Illusion. – »Feine Leute« drangen ein; waren auf Bällen gewesen oder zur Silberhochzeit bei Tante Minna; sie trugen Tombolagewinne unterm Arm, Luftballons, Fächer. – Alte, weinrote Herren, mit dem Monokel im schlagflüssigen Gesicht, schoben sich stolz vorbei, der Würde bewusst, die eine dicke Brieftasche an solchen Orten verleiht.

Zwei Mädchen boxen sich, halb lächelnd, halb bösartig, auf die nackten Arme, weil die eine den Kavalier der andern zärtlich berührt hat. – Ein Herr hat einen leeren Stuhl erobert, hebt ihn hoch und trägt ihn an seinen Tisch. Aber ein Dicker nimmt ihm den Stuhl, oben in der Luft, aus der Hand und sagt: »Gib doch her, Mensch. Hat ja keinen Zweck!« Der Überfallene lässt sich willenlos berauben und kehrt traurig zu den Seinen zurück.

Der berühmte Apfel kann nicht mehr zur Erde. Neuangekommene stehen im Gang, stoßen sich, fallen auf Tische und Gäste, duzen einander ohne besondere Erlaubnis. Die Kapelle – Klavier, Ziehharmonika und Basslaute – spielt Schlager. Die jungen Kerle singen leutselig mit: »Ja, ja, die Fraun sind meine schwache Seite.« Es kommt ihnen von Herzen. Ungeheure Vertraulichkeit greift um sich. Jeder, auch der Fremdeste, hat dem andern etwas ins Ohr zu sagen. Chauffeure, im Sweater, ohne Kragen, voller Ölflecken, schieben sich breit durch die Türe. Die kleinen, unterernährten Bräute trippeln in ihrem Fahrwasser. Ein paar wohlbehütete Töchter besserer Häuser sind, auf wer weiß was für krummen Wegen, hierhergelangt, bewundern das Panorama merkwürdiger Menschen unbändig, zwicken sich unterm Tisch, vor wilder Wonne am

Abenteuer, und haben im Grunde ihrer kleinen Herzen eine große Portion Kinderangst …

Der Geschäftsführer müht sich vergeblich, den Tumult in Ordnung zu verwandeln. Ein Fräulein hat ihren Brillantring verloren. »Ich hab ihn am Finger und mach *so* – und da ist er weg. Er muss hier unter diesem Tisch liegen. Stehen Sie doch mal auf, meine Herrschaften!«

Kein Mensch steht auf. Sie muss sich bücken und suchen. Sie schiebt und stellt die Füße der Leute, als wären es Schuhe in einem Schrank. Die Leute lassen es sich ruhig gefallen und sprechen, singen und trinken ungestört weiter. Das Fräulein holt ihren Freund. »Na los, macht euch mal bisschen hoch! Hier liegt 'n Brilljantring drunter.« Die Leute am Tisch blinzeln ihn unmerklich an und lockern die massiven Ellbögen. Das Pärchen zieht unverrichteter Sache ab. Hat nun einer den Ring geklaut? Ist gar kein Ring vom Finger gerollt? Man kommt nicht dahinter.

»Na, vielleicht wolln Se Ihre Beine wegnehmen!«, schreit ein stolperndes Fräulein.

»Sehn Se sich bloß vor«, knurrt der Angeredete. Er knurrt wie ein Löwe, den man mit Regenschirmen ärgert. Das Fräulein windet sich eiligst weiter. Rosenverkäufer quetschen sich zwischen den Stühlen. Die Blumen duften und erinnern vorübergehend daran, dass es noch andere Dinge gibt als solche Lokale früh in der Dämmerung. – Bleiche Kokainistinnen nicken einander kollegial zu. Wie oft hat die eine der andern ausgeholfen! Das Gift und die Zerstörung haben sie miteinander bekannt gemacht.

»Hupp! Das sind ja alles – sind ja – Skeptiker sind das ja!«, stammelt ein betrunkener Student, der von seinen Freunden abgeschleppt wird. Er hat nicht recht. Diese heruntergekommenen, geplagten und kranken Zeitgenossen sind keine Skeptiker. So komisch es klingt: Es sind Optimisten.

»Ab 5 Uhr Huhn mit Reis. Preis: 1,75 Mark«, teilen mehrere Schilder an den Wänden mit. Die Kellner nehmen Vorausbestellungen entgegen. Früh um fünf Huhn mit Reis? Der Magen des hierher verirrten übermüdeten Bürgers dreht sich dreimal im Leibe herum.

Plötzlich gibt es Lärm im Hintergrund. Irgendein Gast gestikuliert mit hochgereckten

Armen und schreit wie verrückt. Was mag er nur haben? Alle drehen sich um. Keiner versteht, was er will. Drei, dann vier, dann fünf der herkulischen Kellner treten zu ihm, blicken gelangweilt, einer schreit uns zu: »Sitzen bleiben!«

Der aufgeregte Gast gibt sich nicht zufrieden. Da murmelt der kleine fixe Geschäftsführer ein wenig mit seinen Kellnern, einer ruft: »Bahn frei!« Im Nu haben drei Kellner den Schreihals am Kragen. Im Nu ist der Gang leer. Im Nu schleppen drei kräftige Männer einen Strampelnden, Heulenden, Kratzenden und Beißenden im Laufschritt durchs Lokal. Der Portier hat schon die Tür aufgerissen. Ein letzter Widerstand! Ein Tritt ins Gesäß! Und der renitente Gast fliegt aufs Pflaster, einem Polizisten, krach! vor die Füße.

Die Kellner kommen zurück, als wäre nichts gewesen. Ich zahle und frage, was der Ärmste getan habe. Sie zucken die Achseln: Ach, nichts weiter. Das kommt hier alle Tage vor …

Auch der Garderobier hüllt sich in geheimnisvolles Schweigen. Gleichsam zur Entschädigung berichtet er, unaufgefordert: »Ein feiner Dienst hier, muss man sagen. Da isst und trinkt die Gesellschaft – und nachher kann sie nicht bezahlen!«

»Kommt das häufig vor?«

»Häufig ist gar kein Ausdruck!«

»Und was machen Sie dann?«

»Dann behalten wir die Hüte und Mäntel der Herren und Damen zurück. Bis sie das Geld anbringen.«

»Und wenn sie's nicht bringen?«

»Aller Monate findet hier eine Versteigerung der Sachen statt. Waren schon echte Pelzmäntel dabei. Und feine Hüte.«

»Die Ärmsten …«

»Na, na. Strapazieren Sie Ihr Mitleid nicht so sehr!«

»Und warum nicht?«

»Weil's der Bande gerade so gefällt. In 'ner anständigen Umgebung fühlen die sich gar nicht wohl. Na, 'n Morgen, mein Herr.«

»Guten Morgen.«

Draußen ist es schon fast hell. Die Zeitungsfrauen und Bäckerlehrlinge hasten von Haus zu Haus. Der Lärm des Kü-Ka klingt, als wäre es gar nicht wahr …

Hauptgewinn 5 Pfund Prima Weitzenmehl!

Das armseligste Viertel Berlins heißt: der Wedding. Doch wenn man diesen Namen hört, denkt man trotzdem nicht so sehr an Wohnküchen, stickigen Teppichgeruch und Einfamilienbetten, sondern eher an die Mädchen aus der Ackerstraße, an verrufene Kellerkneipen, an junge Burschen ohne Schlips und Kragen und an heimliche »Masseusen«, die ihren Kram verstehen. Der Wedding verdiente soziale Teilnahme; er erweckt aber nur romantisches Interesse. Man ignoriert die sichtbare Armut, wittert, nicht ganz frei von Gänsehaut, unsichtbare Verbrechen und hofft: man möge hier niemandem begegnen, der nicht wenigstens dreimal vorbestraft ist.

Die bürgerliche Anständigkeit scheint den meisten Menschen doch recht langweilig zu sein! Und sie sind heilfroh, dass es Leute gibt, die für ungesetzliche Abwechslung und folgenreiche Abenteuer sorgen. Vielleicht täten sie es sogar selber, wenn dergleichen nicht so verdammt gefährlich und der Bequemlichkeit durchaus unzuträglich wäre! Sie begnügen sich mit der Praxis der Stellvertretung: Es genügt ihnen zu wissen, dass andere unmoralisch sind. – Die Bühne der Welt ist eine unmoralische Anstalt; und das Zuschauen ist auch hier bequemer als das Mitspielen. Moral ist eine Folge der Bequemlichkeit.

So erklärt sich die verfehlte Wedding-Romantik der Berliner. Sie ist tatsächlich verfehlt. Die Armut ist hier tausendfach wichtiger als das Verbrechen! Wer das Elend beseitigen hülfe, beseitigte automatisch den Diebstahl, den Raub, die Abtreibung.

Darum muss man der Armut dieses grauen Viertels seine Aufmerksamkeit schenken. Und sie lässt sich nirgends deutlicher und unmissverständlicher erkennen als an den Stätten des Vergnügens. Nichts ist packender als die Heiterkeit derer, die in Not sind. Worüber können sie wohl lachen? Fröhlichkeit ist kein Privileg der Zufriedenen; aber – was macht die Unzufriedenen froh?

Längelang durch den Norden Berlins, wo er am nördlichsten ist, läuft die Müllerstraße. Sie endet erst dort, wo die Stadt, vorläufig, selber endet. Sie ist von Mietskasernen dicht flankiert. In jedem zehnten Haus ist ein winkliges Kino, das die Filme des Vorjahres zeigt. In jedem fünften Haus ist eine Destille, wo man seine »Molle« trinkt. Und an jeder zweiten Straßenecke, in kleine dürftige Parks gedrückt, steht eine Kirche.

Die Jugend spaziert abends, so gegen zehn Uhr, die Müllerstraße entlang. Die Mädels in Gruppen. Alle ohne Hut, alle mit dem ein bisschen frech gestutzten Bubenkopf. Die jungen Burschen steigen, laut und verwegen, hinterher. Man begrüßt sich. Man klopft der Ella eins hintendrauf, als Beweis zarter Zuneigung. Ella schlingt den Arm um seine Taille, zieht die billigen Florstrümpfe straffer und bugsiert den Teuren, scheinbar zufällig, vor eine Bretterplanke, die mit Plakaten toll bepflastert ist. Eine dünne Leierkastenmusik klingt auf die Straße heraus. Ein Tor steht auf, als ginge es auf einen Trockenplatz. Azetylenlampen blinken hier und da. Und über dem Tor steht: »Berliner Nordpark – Zum Onkel Pelle«.

Vereinzelte Paare gehen durchs Tor. Männer in derben Joppen; alte Frauen, im Kopftuch; Scharen von Mädchen, die Arm in Arm Ketten bilden; kleine Knaben, die längst im Bett liegen müssten – alle wandern in den Nordpark. Alle wollen sie zum Onkel Pelle!

Es handelt sich um einen Vergnügungspark. Sozusagen. Denn ein richtiger Rummelplatz mit Luftballons, Achterbahnen, Tanzböden und ähnlichem Inventar ist das hier nicht! Wer hätte denn Geld für solchen Luxus? Der Platz ist halbfinster. Es hat geregnet. Der Boden ist klebrig. Man friert. Ein Karussell ist, wegen mangelnder Nachfrage, geschlossen. Aber vor einem der Zelte geht es hoch her. Die Menschen stehen dicht zusammengedrängt und sind gespannt …

Ein Glücksrad klappert. Ein Ausschreier ruft: »Es folgt die nächste Ziehung! Das Los einen Groschen! Wer hat noch nicht? Sie da, Großmutter! Einen Groschen! Hier!«

Fast jeder hält einen Groschen hin. Fast jeder

hält sein Los in der Hand, lernt die Nummer auswendig und wartet.

»Es geht los!« Das Glücksrad schnurrt. Aller Augen hängen gespannt an der sich drehenden Scheibe …

»25!«

»Hier! Hier!«

Eine alte Frau, ohne Hut, im Umlegetuch, hebt ihr Los hoch. Der Gehilfe des Ausschreiers reicht ihr den Gewinn hinunter. Sie ist glücklich. Was hat sie denn gewonnen? Ein Pfund Würfelzucker!

Wieder schnurrt das Glücksrad, wieder Spannung …

»17!«

»Hallo, hier!« Ein junger Bursche hält sein Los hin. Na, wird sich Mutter freuen! Was hat er denn gewonnen? Ein Viertelpfund Kaffee!

»Und jetzt gelangt der Hauptgewinn zur Verlosung! Der Hauptgewinn darf ausgesucht werden! Los!«

Das Glücksrad schnurrt, klappert, tickt, hält still – nein, noch eine Ziffer weiter rückt's …

»9!«

»Mensch! Hier!«

Irgendein Fabrikmädel hat das Glück! Sie darf sich aussuchen! Was wird sie wählen? Sie kann haben:

5 Pfund prima Weizenmehl
oder 1 Pfund gute Butter
oder ¾ Pfund Bohnenkaffee
oder 1 ¾ Pfund mageren Speck.

Und was nimmt sie? Sie verlangt ein Pfund gute Butter. Vielleicht ist das auch Luxus? Warum kann man nicht lieber drei Würfel Margarine gewinnen! Das wäre eine Sache!

Immerhin, ein Pfund Butter für einen Groschen, das darf man sich schon gefallen lassen.

Es folgt die nächste Verlosung! Fast alle nehmen ein Los. Und wer zehn Lose nahm, neun Nieten hatte und ein Pfund Würfelzucker gewann, hat ja eigentlich Geld verloren. Doch konnte es nicht auch anders kommen? Der Budenbesitzer häuft kleine Groschentürme aufeinander …

Das Glücksrad schnurrt … Und die armen Menschen sind gespannt, als ginge es um Tausende von Mark. Hier ist ihr Monte Carlo. Hier hasardieren sie um die Groschen. Und wenn sie die Bank sprengen, kriegen sie fünf Pfund prima Weizenmehl.

Die Schreibweise des Titels entspricht der von Erich Ohser gezeichneten Überschrift im Erstdruck (*Neue Leipziger Zeitung*, 5.2.1928). Der Strich über dem »n« steht für einen Doppelbuchstaben – ein handschriftliches Kürzel, das in den ersten Jahrzehnten des 20. Jahrhunderts noch durchaus üblich war.

Möblierte Melancholie

Mancher Mann darf, wie er möchte, schlafen.
Und er möchte selbstverständlich gern!
Andre Menschen will der Himmel strafen,
und er macht sie zu möblierten Herrn.

Er verschickt sie zu verkniffnen Damen.
In Logis. Und manchmal in Pension.
Blöde Bilder wollen aus den Rahmen.
Und die Möbel sagen keinen Ton.

Selbst das Handtuch möchte sauber bleiben.
Dreimal husten kostet eine Mark.
Um die alten Schachteln zu beschreiben,
ist kein noch so starkes Wort zu stark.

Das Klavier, die Köpfe und die Stühle
sind aus Überzeugung stets verstaubt.
Und die Nutzanwendung der Gefühle
ist den Aftermietern nicht erlaubt.

Und sie nicken nur noch wie die Puppen;
denn der Mund ist nach und nach vereist.
Untermieter sind Besatzungstruppen
in dem Reiche, das Familie heißt.

Alles, was erlaubt ist, ist verboten.
Wer die Liebe liebt, muss in den Wald
oder macht, noch besser, einen Knoten
in sein Maskulinum. Und zwar bald.

Die möblierten Herrn aus allen Ländern
stehen fremd und stumm in ihrem Zimmer.
Nur die Ehe kann den Zustand ändern.
Doch die Ehe ist ja noch viel schlimmer.

Anmerkung: Die möblierte Moral ist ein brennendes Thema, obwohl man es nicht mehr für möglich halten sollte. Sogar in Berlin, erzählten Bekannte, fordern die Wirtinnen die Kastrierung der Untermieter.

Hier werden Junggesellen aufgefrischt

Die Bemühungen geschäftlicher Unternehmen, durch Reklame Aufsehen zu erregen, werden immer schwieriger. Man schreibt mit Flugzeugen Schrift an den Himmel; man illuminiert die Nacht mit Hinweisen auf Heftpflaster und Fleckwasser; man erfindet Puppen, die an der Straße stehen und unter Ruck und Zuck Prospekte verteilen. Es gibt nichts, was es nicht gäbe! [...]

Eines dieser mit Originalität arbeitenden Institute lernte ich kürzlich kennen. Die Vorgeschichte wirft schwere Schatten auf meinen Charakter, insofern, als sie frühmorgens gegen 9 Uhr spielt und ich um diese Zeit nicht etwa schon aufgestanden, sondern noch gar nicht schlafen gegangen war. Nun, die Monate Januar und Februar bringen derartig schlaflose Nächte mit sich. Man tanzt hier und dort, erleidet an irgendeiner Theke die erste kleine Havarie, wird mit starkem Kaffee und Zureden wieder flott, versucht, von guten Freunden und Unbekannten begeistert unterstützt, auf einer Stuhllehne den Kopfstand – kurz, gut Ding will Weile, die Zeit vergeht, und es ist 9 Uhr früh, bevor man denkt, es sei 4 Uhr in der Nacht.

Was soll man machen? Man hockt kompliziert in einem Frühstückslokal, hat sich eben, so gut es ging, gewaschen und gekämmt, futtert Eier im Glas, spürt, wie der Bart wächst, und betrachtet traurig das Jackett, die Weste, die Hosen, die Schuhe ... Schön ist anders, denkt man und hat recht. Der Anzug ist staubig, und Falten hat er, wie es sich für jemanden, der kaum älter als drei Jahre ist, nicht schickt.

Dann streicht sich einer unwillig das raue Kinn und sagt: »Jetzt lasse ich mich rasieren.«

In dem Falle, von dem hier die Rede ist, sagte das auch einer. Daraufhin standen wir alle wie ein Mann auf und suchten das nächste Friseurgeschäft. »Deutsch-amerikanischer Salon« stand darüber. Wir ließen uns davon nicht abschrecken, sondern traten beherzt ein. Als Kunde kann man leicht Mut haben.

Der Geschäftsinhaber tat sehr freundlich und

leicht vertraut, so etwa, als ob er unsere Eltern gut kenne. Er musterte unser Äußeres fachmännisch und meinte: »Die Herren waren die Nacht überhaupt nicht im Bett?«

»Erraten«, antwortete ich.

Da nahm er uns väterlich unter den Arm, führte jeden an eine Kabine und sagte: »Ziehen Sie sich dort drin, bitte, aus!«

In jeder der Kabinen standen eine Chaiselongue und ein Tischchen mit einem Aschenbecher. Kleiderbügel lagen umher. Und auf der Chaiselongue lag ein Pyjama! Ein sauberer, buntgestreifter Pyjama …

»Ziehen Sie sich rasch aus, und kommen Sie dann in die gegenüberliegenden Kabinen zum Rasieren!«, rief der Herr. Seine Stimme klang, als gebe sie liebenswürdige Befehle. Ich kletterte aus den Kleidern – froh, ihnen auf kurze Zeit zu entrinnen – und stieg in den frischen, kühlen Pyjama hinein.

Alle Wetter, war das angenehm! Die Luft in dem Raum war freilich etwas kühl. Genau genommen sogar etwas zu kühl. Aber ich war den Anzug los. Herrlich!

Als ich die Portiere zurückschlug und auf den Gang trat, traten die anderen, die Bekannten, eben auch heraus. Jeder in einem frischen Pyjama. Wir lächelten einander freundlich zu, und jeder ging in seine Rasierkabine. Friseurgehilfen tauchten auf, putzten die Bärte, behandelten die übernächtig brummende Kopfhaut mit Eiswasser oder Eau de Portougal. Langsam wurde mir, den andern wohl auch, wieder menschlich zumute.

Als ich meine Auskleidekabine von neuem betrat, war der Anzug fort, der Hemdkragen auch, die Krawatte auch! Ich schlich mich zum Nachbarn. Dasselbe Bild! Wir wanderten zum Dritten. Der lag im Schlafanzug auf seiner Chaiselongue, hatte sich mit seinem Mantel zugedeckt, rauchte eine Zigarette und erklärte, ein wenig schlafen zu wollen. Wir gingen also in unsere Kabinen zurück, legten uns gleichfalls lang, deckten uns gleichfalls zu und schlossen die Augen.

Ich erwachte dadurch, dass mich ein Boy zupfte. »Hab ich lange geschlafen?«, fragte ich. »Nur fünf Minuten, mein Herr«, sagte er lächelnd – »und hier sind Ihre Sachen.«

Der Anzug war gebürstet und gebügelt. Der Kragen und der Schlips waren gesäubert und frisch geplättet. Es war wie in einem netten modernen Märchen. Ich entstieg dem Pyjama, zog mich an und fühlte mich ziemlich wie neugeboren. Der Boy bürstete mir noch Hut und Mantel. Und frisch wie am Abend vorm Fortgehen trat ich aus dem Kabinett.

Im kleinen Vestibül kriegte mich ein anderer Boy zu packen, drückte mich auf einen Schuhputzsessel und begann, meine Schuhe zu bearbeiten, bis sie spiegelten. Meinen Freunden geschah dasselbe. Wir kannten uns gar nicht wieder …

An der Kasse trafen wir den Geschäftsinhaber wieder und drückten ihm unsere ungeteilte Anerkennung aus.

»Freut mich, dass es Ihnen bei mir gefallen hat.«

»Haben Sie schon eine große Kundschaft?«

»Es geht an«, sagte er, »viele Leute haben vor allen Neuerungen, wie Sie wissen, eine schwer zu beseitigende Scheu. Aber aus dem Zeitungs- und aus dem Konfektionsviertel kommen viele Herren zu mir.«

»Sehr nette Sache«, meinte einer von uns, »man will beispielsweise nach Geschäftsschluss ins Theater gehen, hat vorher keine Zeit, noch einmal nach Hause zu fahren – da kommt man zu Ihnen, lässt sich von Kopf bis Fuß eingehend behandeln und ist theaterfähig wie noch nie. Aber sagen Sie, gehen nicht Ihre Bügelfalten sehr schnell aus den Hosen?«

»Nein, wir haben nicht das feuchte Bügelverfahren. Der Anzug ist, obwohl er wenige Minuten später wieder auf den Leib kommt, völlig gebrauchsfähig. Sie werden sich selber überzeugen.«

»Bisschen kalt war's«, gestand ich bekümmert.

»Das ist nur montags so. Denn da wir Sonnabendabend die Heizung abstellen, ist es die ersten Montagsstunden begreiflicherweise kühl.«

»Was kostet es denn?«

Jeder zahlte nicht viel über drei Mark. Der Schuhputz war sogar gratis. Wir waren angenehm überrascht.

»Gibt es Ihr Säuberungsverfahren auch für Damen?«

»Ja, in derselben Weise. Aber hauptsächlich machen die Herren Gebrauch davon. Es ist im Grunde für Junggesellen berechnet, die sonst immer wieder vergessen, die Anzüge zum Bügeln abholen zu lassen. – Und dann hat meine Einrichtung ja auch noch eine sozusagen soziale Seite«, meinte der Inhaber nicht ohne Stolz.

»Wieso das?«

»Ein großer Teil der jungen Herren muss immer sauber und adrett angezogen sein, das Gehalt ist aber kaum dazu angetan, dass sie sich häufig neue Garderobe anschaffen können. Vielleicht wissen Sie, dass es viele junge Leute gibt, die, wenn sie ehrlich sein wollten, gestehen müssten, dass sie überhaupt nur einen einzigen Anzug haben. Für diese Herren bin ich nahezu eine Art Rettungsstation, Sie kommen einmal wöchentlich zum Aufbügeln zu mir und verlassen mich wieder, aufs Sauberste und Adretteste bekleidet. Am Abend ist oft mein Geschäft so überfüllt, dass wir die Arbeit kaum bewältigen können.«

»Also dann auf Wiedersehen, Sie Schutzengel für minderbemittelte Junggesellen!«

»Auf Wiedersehen, meine Herren! Empfehlen Sie mich in Ihren Kreisen!«

Nun, was sagen Sie zu diesem Friseur? Ist er nicht tüchtig, und ist sein Einfall nicht nachahmenswert? Sein Geschäft ist zwar in Berlin, aber woanders sollte Derartiges eigentlich auch möglich sein. Oder nicht?

Besuch vom Lande

Sie stehen verstört am Potsdamer Platz.
Und finden Berlin zu laut.
Die Nacht glüht auf in Kilowatts.
Ein Fräulein sagt heiser: »Komm mit, mein
Schatz!«
Und zeigt entsetzlich viel Haut.

Sie wissen vor Staunen nicht aus und nicht ein.
Sie stehen und wundern sich bloß.
Die Bahnen rasseln. Die Autos schrein.
Sie möchten am liebsten zu Hause sein.
Und finden Berlin zu groß.

Es klingt, als ob die Großstadt stöhnt,
weil irgendwer sie schilt.
Die Häuser funkeln. Die U-Bahn dröhnt.
Sie sind das alles so gar nicht gewöhnt.
Und finden Berlin zu wild.

Sie machen vor Angst die Beine krumm.
Und machen alles verkehrt.
Sie lächeln bestürzt. Und sie warten dumm.
Und stehn auf dem Potsdamer Platz herum,
bis man sie überfährt.

Das ist Berlin!

Es gibt immer noch ein paar trotzige Leute in Deutschland, die sich sträuben, die Überlegenheit der Berliner Weltanschauung – vorausgesetzt, dass es so etwas gibt – anzuerkennen. Na, die werden wir gleich haben!

Dieser Tage brach die Direktion des Deutschen Künstlertheaters endgültig zusammen. Seit ein paar Wochen hatte man, allabendlich, Jean Gilberts *Polnische Wirtschaft* gespielt. Die Inszenierung war kostspielig gewesen, die Gagensumme nicht minder, die Kritik lehnte ab – aus! In Berlin genügt unter Umständen ein einziger Durchfall, und der Herr Direktor gehen stempeln.

Schon ein Vorzug Berlins!

Nun stand also, am Bankrottabend, ein Haufen Menschen vorm Deutschen Künstlertheater, wollte die *Polnische Wirtschaft* sehen und hören und erfuhr stattdessen: Man solle heimgehen;

das Theater sei – wegen Renovation, heißt das in Berlin – soeben geschlossen worden.

Was tun Menschen, die ins Theater gehen wollten und nicht hineinkommen? Sie bleiben auf der Straße stehen, denken nicht im Traum ans Heimgehen, verzweifeln in bescheidenen Grenzen und fragen: Was nun?

Im vorliegenden Falle war es nicht anders. Man stand herum und wartete auf einen guten Einfall. Diesen guten Einfall hatten unterdessen die Brüder Rotter, die Besitzer des Metropoltheaters, in dem Slezak zur Zeit den *Blaubart* von Offenbach singt.

Also, plötzlich bogen, am Künstlertheater, mehrere von den Brüdern Rotter gemietete Autobusse um die Ecke, hielten vor der wartenden Menschenmenge, und ein Angestellter lud sie zu einer Gratisfahrt ein. Zum Metropoltheater.

Die Wartenden atmeten auf, stiegen ein, fuhren fort, lösten – Operette hin, Operette her – für den *Blaubart* Karten, und die Brüder Rotter rieben sich die Hände.

Und sehen Sie: Das ist Tempo! Das ist Berlin! Das macht uns keiner nach! Autobusse mieten, auf fremde Pleiten warten, Zeitung lesen, *das* muss ein Theaterdirektor bei uns können!

Irrenhaus Berlin

Sie blieben vor einem Geschäft stehen. Der Laden war trotz der nächtlichen Stunde hell erleuchtet, und die Kleider und Blusen und Lackgürtel lagen zwischen den dunklen Häusern wie auf einer kleinen, von der Sonne beschienenen Insel.

»Können Sie mir sagen, wie spät es ist?«, fragte jemand neben ihnen. Fräulein Battenberg erschrak und fasste den Arm ihres Begleiters. »Zehn nach zwölf«, sagte Fabian.

»Danke schön. Da muss ich mich beeilen.« Der junge Mann, der sie angesprochen hatte, bückte sich und nestelte umständlich an einem Schnürsenkel. Dann richtete er sich wieder auf und fragte verlegen lächelnd: »Haben Sie zufällig fünfzig Pfennige einstecken, die Sie entbehren könnten?«

»Zufällig ja«, antwortete Fabian und gab ihm ein Zweimarkstück.

»Oh, das ist schön. Haben Sie vielen Dank, mein Herr. Da brauche ich nicht bei der Heilsarmee zu übernachten.« Der Fremde zuckte entschuldigend die Achseln, lüftete den Hut und lief hastig davon.

»Ein gebildeter Mensch«, meinte Fräulein Battenberg.

»Ja, er fragte nach der Zeit, ehe er uns anbettelte.«

Sie setzten ihren Weg fort. Fabian wusste nicht, wo das Mädchen wohnte. Er ließ sich führen, obwohl er die Gegend besser kannte als sie. […]

Sie gingen durch die Geisbergstraße. Nur selten durchquerte ein Auto die Nachtruhe. In den Vorgärten dufteten Blumenbeete. In einer Haustür streichelte sich ein Liebespaar.

»Sogar der Mond scheint in dieser Stadt«, bemerkte die Kennerin des internationalen Filmrechts.

Fabian drückte ihren Arm ein wenig. »Ist es nicht fast wie zu Hause?«, fragte er. »Aber Sie täuschen sich. Der Mondschein und der Blumenduft, die Stille und der kleinstädtische Kuss im Torbogen sind Illusionen. Dort drüben, an dem Platz, ist ein Café, in dem Chinesen mit Berliner Huren zusammensitzen, nur Chinesen. Da vorn ist ein Lokal, wo parfümierte homosexuelle Burschen mit eleganten Schauspielern und smarten Engländern tanzen und ihre Fertigkeiten und den Preis bekannt geben, und zum Schluss bezahlt das Ganze eine blondgefärbte Greisin, die dafür mitkommen darf. Rechts an der Ecke ist ein Hotel, in dem nur Japaner wohnen, daneben liegt ein Restaurant, wo russische und ungarische Juden einander anpumpen oder sonstwie übers Ohr hauen. In einer der Nebenstraßen gibt es eine Pension, wo sich nachmittags minderjährige Gymnasiastinnen verkaufen, um ihr Taschengeld zu erhöhen. Vor einem halben Jahr gab es einen Skandal, der nur schlecht vertuscht wurde; ein älterer Herr fand in dem Zimmer, das er zu Vergnügungszwecken betrat, zwar, wie er erwartet hatte, ein sechzehnjähriges entkleidetes Mädchen vor, aber es war leider seine Tochter, und das hatte er nicht erwartet … Soweit diese riesige Stadt aus Stein besteht, ist sie fast noch wie einst. Hinsichtlich der Bewohner gleicht sie längst einem Irrenhaus. Im Osten residiert das Verbrechen, im Zentrum die Gaunerei, im Norden das Elend, im Westen die Unzucht, und in allen Himmelsrichtungen wohnt der Untergang.«

»Und was kommt nach dem Untergang?«

Fabian pflückte einen kleinen Zweig, der über ein Gitter hing, und gab zur Antwort: »Ich fürchte, die Dummheit.«

Ragout fin de siècle
(Im Hinblick auf gewisse Lokale:)

Hier können kaum die Kenner
in Herz und Nieren schauen.
Hier sind die Frauen Männer.
Hier sind die Männer Frauen.

Hier tanzen die Jünglinge selbstbewusst
im Abendkleid und mit Gummibrust
und sprechen höchsten Diskant.
Hier haben die Frauen Smokings an
und reden tief wie der Weihnachtsmann
und stecken Zigarren in Brand.

Hier stehen die Männer vorm Spiegel stramm
und schminken sich selig die Haut.
Hier hat man als Frau keinen Bräutigam.
Hier hat jede Frau eine Braut.

Hier wurden vor lauter Perversion
vereinzelte wieder normal.
Und käme Dante in eigner Person –
er fräße vor Schreck Veronal.

Hier findet sich kein Schwein zurecht.
Die Echten sind falsch, die Falschen sind echt,
und alles mischt sich im Topf,
und Schmerz macht Spaß, und Lust zeugt Zorn,
und oben ist unten, und hinten ist vorn.
Man greift sich an den Kopf.

Von mir aus, schlaft euch selber bei!
Und schlaft mit Drossel, Fink und Star
und Brehms gesamter Vögelschar!
Mir ist es einerlei.

Nur, schreit nicht dauernd wie am Spieß,
was ihr für tolle Kerle wärt!
Bloß weil ihr hintenrum verkehrt,
seid ihr noch nicht Genies.

Na ja, das wäre dies.

Zwanzig Autogramme

Dieser Tage saß ich mit dem Schauspieler H. im Vorgarten eines Berliner Cafés, dicht an der Straße. H. erfreut sich großer Popularität. Die Passanten machten einander auf das seltene Glück aufmerksam, ihn Kaffee trinken sehen zu dürfen. Dem Bürgersteig widerfuhr eine Verkehrsstockung.

Und dann schoben sich zwei junge Burschen an unsern Tisch, legten einen weißen Zettel auf die Marmorplatte, hielten einen Füllfederhalter bereit, und der eine der beiden sagte: »Bitte sehr, Herr H., geben Sie uns 'n Autogramm!«

H. schrieb seinen Namen. Die zwei Burschen dankten und gingen weiter. Aber eine Minute später kam der eine noch einmal zurück, packte wieder Papier und Federhalter auf den Tisch und sagte: »Ach, Herr H., geben Sie uns doch noch 'n Autogramm. Für 'ne Frau. Sie verstehen.« H. schrieb seinen Namen noch einmal. Und damit schien die Angelegenheit erledigt.

Aber am nächsten Tag saß ich wieder in diesem Café, und da tauchten die beiden Burschen wieder am Tisch auf. »'n Tag«, sagte der eine, »heute so alleine? Kommt der H. auch wieder her?«

Ich erklärte, ich wisse es nicht genau. (Obwohl ich genau wusste, dass er in zwanzig Minuten kommen würde.)

»Na, er wird schon kommen«, sagte der andere von ihnen. »Wir gucken später noch mal vorbei. Wir wollen nämlich paar Autogramme von ihm.«

»Um des Himmels willen«, rief ich. »Sie haben doch gestern zwei Autogramme von Herrn H. erhalten!«

»Na und?«, sagte der eine. »Zwanzig Stück haben wir schon von ihm.«

»Aber wozu denn?«, fragte ich. »Handeln Sie denn damit?«

»Nee, jetzt nicht«, antwortete der andere.

»Später mal«, fügte der eine hinzu.

»Wieso später?«, fragte ich.

»Das ist so«, erklärte der andere. »Wir sammeln die Autogramme, und wenn dann so 'nem Manne was Menschliches zustößt, verkloppen wir sie zu höchsten Preisen.«

»Wenn der H. heute stirbt«, meinte der eine, »dann kriegen wir morgen pro Stück fünfzig Mark. Na, und zwanzig Stück haben wir schon.«

»Als der Rastelli tot war«, sagte der andere, »hat man uns für 'n Autogramm von ihm dreißig Mark gezahlt. Wir hatten leider bloß acht Stück.«

»Nun wollen wir aber abhauen«, sagte der eine. »Auf Wiedersehen.« Und dann verschwanden sie, diese beiden Gemütsmenschen.

Als ich H. von der Sache erzählt hatte, sagte er: »Mehr Autogramme kriegen sie nicht. Denn wenn die Kerle dreißig Stück hätten, brächten sie mich womöglich um.«

Vox populi

Max Liebermann, Präsident der Akademie, unterbricht seinen Spaziergang durch den Berliner Tiergarten, setzt sich auf eine Bank, nimmt Papier und Bleistift zur Hand und skizziert. Gebildete Passanten stoßen einander in die Seiten, um sich auf den historischen Moment aufmerksam zu machen. Da taucht eine Art Oberlehrer auf, sieht Liebermann arbeiten, blickt missbilligend zu ihm hinüber, hebt prophetisch den Finger und sagt weithin vernehmbar: »Auch einer von denen, die die Aborte beschmieren!«

Die Weidendammer Brücke

Kennt ihr die Weidendammer Brücke? Kennt ihr sie am Abend, wenn unterm dunklen Himmel ringsum die Lichtreklamen schimmern? Die Fassaden der Komischen Oper und des Admiralspalastes sind mit hellen Schaukästen und bunter Leuchtschrift bestreut. An einem anderen Giebel, jenseits der Spree, zappelt in tausend Glühbirnen die Reklame für ein bekanntes Waschmittel, man sieht einen riesigen Kessel, der Wasserdampf steigt empor, ein blütenweißes Hemd erhebt sich wie ein freundlicher Geist, eine ganze bunte Bilderserie läuft ab. Und dahinter, über den Häusern des Schiffbauerdamms, glänzt der Giebel des Großen Schauspielhauses.

Autobusse rollen in Kolonnen über den Brückenbogen. Im Hintergrunde erhebt sich der Bahnhof Friedrichstraße. Hochbahnen fahren über die Stadt hin, die Fenster der Züge sind erleuchtet, und die Wagen gleiten wie schillernde

Schlangen in die Nacht. Manchmal ist der Himmel rosa vom Widerschein des vielen Lichts, das unter ihm strahlt.

Berlin ist schön, hier besonders, an dieser Brücke, und abends am meisten! Die Autos drängen die Friedrichstraße hinauf. Die Lampen und die Scheinwerfer blitzen und auf den Fußsteigen schieben sich die Menschen vorwärts. Die Züge pfeifen, die Autobusse rattern, die Autos hupen, die Menschen reden und lachen. Kinder, das ist ein Leben!

Auf der Brücke stand eine dürre, arme Frau mit einer dunklen Brille. Sie hielt eine Tasche und ein paar Schachteln Streichhölzer in der Hand. Neben ihr knickste ein kleines Mädchen in einem zerrissenen Kleid. »Streichhölzer, kaufen Sie Streichhölzer, meine Herrschaften!«, rief das kleine Mädchen mit zitternder Stimme. Viele Menschen kamen, viele Menschen gingen vorüber. »Haben Sie doch ein Herz mit uns armen Leuten«, rief das Kind kläglich, »die Schachtel nur zehn Pfennig.« Ein dicker Mann näherte sich der Gruppe und griff in die Tasche.

»Mutter ist völlig erblindet und noch so jung. Drei Schachteln fünfundzwanzig!«, stammelte das Mädchen. Der dicke Mann gab ihr einen Groschen und ging weiter. »Gott segne Sie, liebe Dame!«, rief das Kind. Da erhielt es von der dürren Person einen Stoß. »Das war doch keine Dame, das war doch ein Mann, du dummes Ding«, murmelte die Frau ärgerlich.

»Sind Sie nun blind oder nicht!«, fragte das kleine Mädchen gekränkt. Dann knickste sie aber wieder und rief zitternd: »Streichhölzer, kaufen Sie Streichhölzer, meine Herrschaften!«, und jetzt gab ihr eine alte Dame einen Groschen und nickte freundlich.

»Das Geschäft blüht«, flüsterte das Kind.

Der Streichholzjunge

Streichhölzer! Kaufen Sie Streichhölzer!
Drei Schachteln zwanzig!

Sie lachen, statt was zu kaufen.
Oder sie sind entrüstet
und knurren, während sie weiterlaufen.
Wenn ihr nur wüsstet …

Streichhölzer! Kaufen Sie Streichhölzer!
Drei Schachteln zwanzig!

Vater kriegt zehn Mark Unterstützung
und Mutter ein kleines Gesicht.
Wir haben ein Zimmer mit Küchen-
    benützung.
Aber wir benützen die Küche gar nicht.

Gestern trank Vater paar Flaschen Bier.
Mutter hat nicht mittrinken gemocht.
Vater sang: »Ein freies Leben führen wir!«
Und dann hat er das Fenster zerpocht.

Streichhölzer! Kaufen Sie Streichhölzer!
Drei Schachteln zwanzig!

Mein Pappkarton wird nicht leer.
Den Aufsatz muss ich noch machen.
Wenn ich bloß nicht so müde wär.
Kaufen Sie Streichhölzer, statt zu lachen!

Mit braunen und schwarzen Schnürsenkeln
verdient man natürlich mehr.
Doch da brauchte ich erst mal drei Mark.
Und wo nehm ich die her?

Streichhölzer! Braune und schwarze Streich-
hölzer!
Drei Paar zwanzig …

Erich Kästner erinnert sich: Berlin um 1930

Berlins »Goldene Jahre« und die Weimarer Republik näherten sich ihrem Ende. Die Arbeitslosigkeit stieg wie Hochwasser. Die Regierung hatte kein Konzept und fand kein Konzept. Aus der Unzufriedenheit wurde eine Ideologie. Die Reaktion holte zur Revolution aus. Und die Gegner der Arbeiterschaft finanzierten die Diktatur des braunen Proletariats.

Die »höfische« Kunstepoche

Die zunehmende Zahl derer, die an den Vormittagen in die Höfe dringt und mit Hilfe von Gesangsdarbietungen das Gemüt und das Portemonnaie der Anwohner in Bewegung zu setzen sucht, hat zur Folge gehabt, dass jeder dieser »Hoflieferanten« den andern zu überbieten bemüht ist. Man weiß, dass erwerbslose Künstler und auf Broterwerb angewiesene Studenten darunter sind. Und so bedauerlich diese Tatsache sein mag, so nutzbringend könnte sie sein, wenn die künstlerisch und geschmacksmäßig gebildeten unter den »fahrenden Sängern« merken wollten, dass ihnen, außer der Beseitigung eigener Nahrungssorgen, eine weitere Aufgabe zugefallen ist: die Hebung des höfischen Unterhaltungsniveaus!

Ich hatte kürzlich Gelegenheit, solch einen seiner Aufgabe bewussten jungen Mann anzuhören. Er hielt zunächst eine in gutem Deutsch abgefasste Ansprache an die in den Fenstern liegenden Hausbewohner. Und dann begann er damit, sie zu unterhalten. Er sang nicht! Er kurbelte keine Drehorgel! Er ließ keinen Affen hüpfen! Was, um alles in der Welt, tat er denn? Er trug ein paar Gedichte von Christian Morgenstern vor! Er erzählte eine der Meisterfabeln von Johann Peter Hebel. Er gab ein paar gute aktuelle Witze zum Besten. Er beschloss seine Darbietung mit einigen glänzenden Aphorismen von Oscar Wilde.

Schon das war auffällig genug. Noch ungewöhnlicher war die Aufnahme, die der Mann fand. Die Bewohner ließen ihn überhaupt nicht mehr aus ihrem Hof heraus. Immer wieder fielen in Papier gewickelte Geldstücke aus den Fenstern. Und als der junge Mann endlich nach dem nächsten Hof abwanderte, hatte er mindestens das Dreifache von dem verdient, was unser Hof normalerweise spendet.

Wollen es nicht auch andere Hof-Künstler versuchen, was jener Mann ausprobiert hat? Nämlich: gute und wertvolle Literatur in die Höfe zu tragen? Es läge in ihrem eigenen Interesse, denn das Publikum zeigt sich dankbar. und es läge im Interesse dieses dankbaren Publikums. Es verdient es, mit Kunst belohnt zu werden. Jede Not hat ihre Tugend. Und wenn der Künstler auf die Höfe nach Brot geht, soll er über die Not die Kunst nicht vergessen!

Berliner Vereinsleben

Im Osten Berlins war neulich bei Nacht
eine richtiggehende Straßenschlacht
mit Messern, Toten und Schießerei.
Die Polizei war auch dabei …
Wer lacht?

Sie stand dabei und tat ihre Pflicht
und verfasste vor allem den Heeresbericht.
Sie stand dabei und griff nicht ein.
Sie wollte eben nicht unhöflich sein.
Warum nicht?

Weil man (erklärte sie salbungsvoll)
deutsche Vereine nicht stören soll.
Die Finger davon! Und überhaupt:
Krieg zwischen Vereinen ist immer erlaubt.
Jawoll!

Sonst fiele es schließlich jemandem ein,
zu erklären, der Staat sei auch ein Verein,
und verböte ihm das Morden darum
genau wie dem Individuum –
pfui, nein!

Dr. Goebbels' weiße Mäuse

Als im Jahre 1929 am Nollendorfplatz in Berlin der nach Erich Maria Remarques Roman gedrehte Film *Im Westen nichts Neues* gezeigt wurde, ging es ziemlich bunt her. Der Film klagte, genau wie das Buch, den Krieg und dessen sinnlose Unmenschlichkeit an, und im Parkett saßen einige Leute, die sich fest vorgenommen hatten, einen kleinen, runden Skandal zu inszenieren. Teils weil sie Krieg, teils weil sie Skandal hübsch fanden. Sie hatten Pappschachteln mitgebracht, worin weiße Mäuse rumorten, und als die festliche Stimmung ihren Höhepunkt erreicht hatte, ließen sie die Mäuse los! Die Namen der beiden witzigen Ehepaare, welche die Pappschachteln voller Mäuse mitgebracht hatten, sollten in die Filmgeschichte eingehen, das ist die Sache schon wert. Es handelte sich um den Schriftsteller Arnolt Bronnen mit seiner Frau sowie um den Propagandachef einer großen Berliner Partei, den nachmals sehr bekannt gewordenen Dr. Joseph Goebbels und dessen Gattin.

Dieser Vorfall, der deutlich verriet, mit welch geistreichen Mitteln die Nationalsozialisten Ideenkämpfe auszufechten gedachten, hatte nach vielen Seiten Folgen. Eine davon war, dass der Filmschauspieler Wilhelm Dieterle [...] die Koffer packte und mit seiner Frau nach Hollywood ging. Ihm war angesichts der weißen Mäuse schon damals klar geworden, was »von Beruf gescheite Leute« erst viel später und was die meisten zu spät merken sollten: dass mit solchen Mäusedresseuren kein Staat zu machen sein würde.

Remarques Roman erschien 1929. Der Film kam erst ein Jahr später heraus, 1930.

Marschliedchen

Ihr und die Dummheit zieht in Viererreihen
in die Kasernen der Vergangenheit.
Glaubt nicht, dass wir uns wundern, wenn ihr
schreit.
Denn was ihr denkt und tut, das ist zum
Schreien.

Ihr kommt daher und lasst die Seele kochen.
Die Seele kocht, und die Vernunft erfriert.
Ihr liebt das Leben erst, wenn ihr marschiert,
weil dann gesungen wird und nicht gesprochen.

Marschiert vor Prinzen, die erschüttert weinen:
Ihr findet doch nur als Parade statt!
Es heißt ja: Was man nicht im Kopfe hat,
hat man gerechterweise in den Beinen.

Ihr liebt den Hass und wollt die Welt dran
messen.
Ihr werft dem Tier im Menschen Futter hin,
damit es wächst, das Tier tief in euch drin!
Das Tier im Menschen soll den Menschen
fressen.

Ihr möchtet auf den Trümmern Rüben bauen
und Kirchen und Kasernen wie noch nie.
Ihr sehnt euch heim zur alten Dynastie
und möchtet Fideikommissbrot kauen.

Ihr wollt die Uhrenzeiger rückwärtsdrehen
und glaubt, das ändere der Zeiten Lauf.
Dreht an der Uhr! Die Zeit hält niemand auf!
Nur eure Uhr wird nicht mehr richtiggehen.

Wie ihr's euch träumt, wird Deutschland nicht
erwachen.
Denn ihr seid dumm und seid nicht auserwählt.
Die Zeit wird kommen, da man sich erzählt:
Mit diesen Leuten war kein Staat zu machen!

Kann man Bücher verbrennen?

Zum Jubiläum einer Schandtat, 9. Mai 1947

Am 10. Mai 1933 ließ Joseph Goebbels auf öffentlichen Plätzen nationalsozialistische Kundgebungen veranstalten, bei denen die Studenten der deutschen Hochschulen Berge von Büchern verbrannten, die dem Staatsstreich gegen Freiheit, Toleranz und Intelligenz im Wege standen.

Gegen Abend fuhren Hans Wilhelm und ich mit der Stadtbahn bis zum Lehrter Bahnhof. Dann liefen wir über die große eiserne Brücke und hielten nach den angekündigten Marschkolonnen Ausschau. Hinter dem Lessingtheater kamen sie – links, zwei, drei, vier, links, zwei, drei, vier – angetrottet. Studenten in SA-Uniform zogen als Prätorianergarde voraus. An der Spitze, wo die Fahne oder der Schellenbaum hingehören, trug einer den von einer Bronzebüste heruntergeschlagenen Kopf Magnus Hirschfelds hoch auf einer Stange. Er schwenkte ihn, vor der geistigen Elite des Dritten Reichs marschierend, wie eine Kampftrophäe; und das Bild hätte nicht scheußlicher sein können, wenn Hirschfelds wirklicher, blutiger Kopf aufgespießt durch Berlin geschleppt worden wäre. Mit Büchern vollgeladene Lastwagen schwankten zwischen den Kolonnen. Es war ein trüber, regnerischer Tag. Und trübe war, trotz Gesang und Uniform, die Stimmung der Studenten. Die Methoden der neuen Herren waren im Grunde noch nicht ganz die ihren. Dass man Bücher nicht nur lieben, sondern auch hassen kann, wussten sie. Dass man Bücher auf Kommando öffentlich verbrennt, mussten sie noch lernen.

Es war wohl allen ohne Ausnahme klar, dass sie heute der gesamten zivilisierten Welt ein unvergesslich widerwärtiges Schauspiel boten. Ein Schauspiel, das unauslöschbar in den Annalen der Menschheit eingetragen bleiben würde. Und vielleicht empfanden sie auch, dass ihr Marsch ein freiwilliger Marsch durchs kaudinische Joch war. Gerade sie hätten ja diesen Henkergang nie und nimmer antreten dürfen! Goebbels hatte eine Pöbelparole ausgegeben und ließ sie nicht von der Plebs, sondern von der Elite ausführen! Das war eine windige Teufelei, so recht nach seinem Geschmack. Mit dem heutigen Autodafé, das die Freiheit des Schriftstellers auslöschte, richteten die deutschen Studenten ihre eigenen Ansprüche auf jede künftige Meinungsfreiheit hin. Der Mord, den sie an diesem Abend begingen, war zugleich ein vordatierter Selbstmord.

Am Opernplatz formierten die Kolonnen ein großes Karree. Hans Wilhelm und ich standen an der braunen Studentenmauer, die sich auf dem Fahrdamm, parallel zur Universitätsfassade, gebildet hatte. Für den Höhepunkt der Veranstaltung aufbewahrte Pechfackeln wurden angezündet. Drüben vor den Bankpalästen, rechts von der Oper, war der Scheiterhaufen errichtet worden. Er flammte auf. Die Lastwagen rollten heran wie an eine Verladerampe. Tausende von Büchern wurden ausgekippt und von fleißigen Händen hoch im Bogen ins Feuer geworfen.

Dann tauchte Goebbels auf. Er stand auf einer von Mikrophonen belagerten Estrade und gestikulierte vor dem Feuerschein wie ein Teufelchen vor der Hölle.

Er zeterte, salbaderte, rief Schriftsteller bei Namen und überantwortete ihre Bücher den Flammen und dem Vergessen. Das war kein Großinquisitor, sondern ein kleiner pöbelnder Feuerwerker. Hier rächte sich ein durchgefallener Literat an der Literatur. Hier beseitigte ein durchtriebener Politiker für viele Jahre jede intellektuelle Opposition. Die List und der Witz der Geschichte war, dass die »zersetzenden Intellektbestien«, die diesen Handlangern des Untergangs im Wege waren, ausgerechnet von dem einzigen »Intellektuellen« beseitigt wurden, den sie in ihren eigenen Reihen aufzuweisen hatten. Nicht irgendein hergelaufener Raufbold und seine Meute verrieten hier den Geist, sondern ein Gundolfschüler und die akademische Jugend Deutschlands. Jahre später haben mir Studenten, die damals abends neben dem Scheiterhaufen standen, erzählt, dass sie – und nicht nur sie allein – heimlich Bände aufrafften, die vor ihren Füßen im Dreck lagen, und sie nicht ins Feuer warfen, sondern unter die Uniformjacke steckten, daheim lasen und wie Kostbarkeiten aufbewahrten. Es mag ein Zeichen dafür sein, wie schwer es ist, Bücher wirklich zu verbrennen …

Unsere Absicht, dem apokalyptischen Volksfest als gründliche Chronisten bis zum Schlusse beizuwohnen, wurde durch eine unvorhergesehene Episode vereitelt. »Dort steht ja Kästner!«, rief plötzlich eine junge Frau, die mit ihrem Freund vorüberkam. Ihre Überraschung, mich sozusagen bei meinem eigenen Begräbnis unter den Leidtragenden zu entdecken, war so groß, dass sie auch noch mit der Hand auf mich zeigte. Das war mir, muss ich bekennen, nicht angenehm. Denn kurz zuvor hatte schon jemand anders meinen Namen laut gerufen – eben jener Gundolfschüler auf seiner von Mikrophonen belagerten Estrade. Hans Wilhelm und ich musterten die SA-Studenten ringsum. Sie blickten unverwandt zu dem lodernden Flammenstoß hinüber. Trotzdem beschlossen wir zu gehen. Nach ein paar Minuten, die wir, quasi anstandshalber, noch blieben, machten wir uns auf den Heimweg.

Wir saßen dann noch im Vorgarten eines Lokals im Westen und schwiegen uns an. Was hätten wir sagen können? Der Abend hatte uns die Kehlen zugeschnürt. So einfach war es, eine Literatur auszulöschen? Mit so plumpen, gemeinen Maßnahmen konnten Bosheit und Dummheit triumphieren? So rasch gab der Geist seinen Geist auf? Wir wussten damals nicht, was heute, nach vielen entsetzlichen Jahren, die ganze Welt weiß: Mit solchen Methoden kann man zwar ein Volk vernichten, Bücher aber nicht. Sie sterben nur eines natürlichen Todes. Sie sterben, wenn ihre Zeit erfüllt ist. Man kann von ihrem Lebensfaden nicht eine Minute abschneiden, abreißen oder absengen. Bücher, das wissen wir nun, kann man nicht verbrennen.

Erich Kästner erinnert sich: Berlin 1933 und danach

1927 war ich in Berlin eingewandert. 1933 wurden meine Bücher verbrannt. Zwischen dem zögernden Beginn und dem abrupten Ende einer literarischen Karriere lagen keine sechs Jahre. Es waren interessante, schöne und aufregende Jahre gewesen. Und nun folgten zwölf der schlimmsten Jahre, auch für mich selber. Ich blieb in Berlin, doch die Stadt und ich blieben nicht, was wir gewesen waren. Ich ging als »lebender Leichnam« durch die Straßen, ein verbotener, ein ausradierter Schriftsteller, beschimpft, bespitzelt und jeden Tag und jede Stunde auf eigene Gefahr.

Die Stadt blieb nicht die gleiche, und die Menschen änderten sich, von Zentimeter zu Zentimeter, mit dem System. Alte Freunde gingen, wenn sie meiner ansichtig wurden, ängstlich auf die andre Straßenseite oder banden sich im erstbesten Haustor die Schnürsenkel. Das Herz hätte einem brechen können, wenn nicht, statt ihrer, andere gekommen wären, flüchtige Bekannte und fast Fremde, die nun erst recht zu mir hielten. Wer zwölf Jahre als verbotener Autor in einer Diktatur lebt, als Paria Erster Klasse, revidiert seine Ansicht, dass er die andern und sich selber, kurz, dass er den menschlichen Charakter vor diesen Erfahrungen gekannt und durchschaut habe. Die Kurse sind teuer. Die Schule ist hart. Aber er lernt etwas für sein Geld. Und er tut gut daran, was er gelernt hat, nicht zu vergessen.

Elegie nach allen Seiten

Die bunten Astern winken durch die Gitter.
Die Gärten schminken sich. Das Jahr ist alt.
Der Herbst stimmt nur die Optimisten bitter.
Normale Menschen lässt er kalt.

Die Blätter an den Bäumen kann man zählen.
An manchen Zweigen schaukeln nur noch drei.
Der Wind wird kommen und auch diese
 stehlen.
Er stiehlt und findet nichts dabei.

Ein blinder Mann verkauft verwelkte Rosen.
Er kann nicht sehen, wie verwelkt sie sind.
Auf einer Bank, umringt von Arbeitslosen,
sitzt singend ein vergnügtes Kind.

Im Pflaster zittern Pfützen aus der Frühe.
Das Himmelblau ist wieder repariert.

Die Sonne scheint. Sie gibt sich große Mühe.
Man merkt die Absicht, und man friert.

Ein alter Mann, welcher vorüberwandelt,
spricht mit sich selber wie ein Wiederkäuer.
Es klingt, als ob er mit dem Tod verhandelt.
Wahrscheinlich ist der Sarg zu teuer.

Die Blätter flattern wie die Schmetterlinge.
Die Straße glüht und leuchtet und verfällt.
Der Herbst beschert uns den Verfall der Dinge
und dieses Mal auch den Verfall der Welt.

Das ist ein Jahr, da möchte alles sterben!
Die Welt verliert das Laub und den Verstand.
Der Winter und die Dummheit sind die Erben.
Und was sich Hoffnung nannte, wird verbrannt.

Vom andern Straßenufer wehen Lieder.
Das ist die Heilsarmee. Man singt zu sechst.
Die Blätter wachsen eines Tages wieder.
Doch ob auch die Vernunft von neuem wächst?

Kleines PS. über die Berliner

Behaupten zu wollen, die Berliner seien im übrigen Vaterlande besonders beliebt, entspräche nicht eigentlich dem Sachverhalt. Gerade heutzutage kann man sich, wenn man in anderen Städten Boden zu fassen sucht, bequem vom Gegenteil überzeugen. Ich vermute, dass es sich um eine nationale, genauer: süddeutsche Idiosynkrasie handelt. Wie es Menschen gibt, die keinen Fisch essen können oder Erdbeeren nicht vertragen, gibt es auch solche, denen die Berliner nicht bekommen. Das besagt nichts gegen den hohen Nährwert der Fische und das köstliche Aroma der Erdbeeren. Und es besagt ebenso wenig gegen das Naturell und die Qualitäten des Berliners. Es handelt sich um eine sachlich nicht begründbare, abnorme Abneigung mit den Folgen einer echten, berechtigten Aversion. Die Erdbeeren, die Forellen, die Primeln und die Berliner sind nicht gekränkt, wenn man sie nicht mag. Sie sind höchstens erstaunt, wie es möglich ist, dass so viel Aroma, Duft, Wohlgeschmack, Nährwert, Eiweißgehalt und Talent mit Missgunst und Feindseligkeit überschüttet werden können.

Natürlich haben Idiosynkrasien ihre geheimen Ursachen. Wer Primeln verabscheut, tut es nicht aus purer Rechthaberei, sondern weil er davon erfahrungsgemäß Hautjucken kriegt. Und wer die Berliner ablehnt, wird schließlich auch seine Gründe haben. Das Hautjucken befällt ihn nur bildlich. Ihn plagen Minderwertigkeitskomplexe. Ihn juckt die Haut seiner Seele. [...] Das einzige Medikament gegen solche Beschwerden wäre, leidenschaftslos über die Anlässe nachzudenken. Doch gerade dies ewige Heilmittel ist im Haushalt des Erkrankten nicht vorhanden. Er kann aus seiner mit hektischen Röteln bedeckten Haut nicht heraus. Er schreit: »Werft die Primeln und die Berliner auf den Müll!« Nun, mit den Primeln kann man das ja machen ...

Textnachweis

(Ohne Verfassernennung aufgeführte Werke sind von Erich Kästner.)

Erich Kästner erinnert sich: Berlin 1927, in: K. H. Kramberg, *Ein Mann gibt Auskunft*. Eine Geburtstagssendung für und mit Erich Kästner. München, Bayerischer Rundfunk, 1. Programm, 23. 2. 1959. Typoskript, DLA Marbach, S. 2.

Berlin als Film (gek.), in: *Gemischte Gefühle*. Literarische Publizistik 1923–1933, Bd. 1, Atrium Verlag, Zürich 1989, S. 322.

Achtundvierzig Vögel, Erstdruck: *Neue Leipziger Zeitung*, 10. 10. 1928.

Ballgeflüster, in: *Herz auf Taille*. Gedichte, Atrium Verlag, Zürich 2012, S. 70.

Es liegt in der Luft! (Auszug), in: *Gemischte Gefühle*, Bd. 2, S. 91.

Provinz Berlin (Auszug), in: *Gemischte Gefühle*, Bd. 2, S. 137 f.

Kunstgespräche (gek.), in: *Gemischte Gefühle*, Bd. 2, S. 143 f.

Der Busen marschiert, in: *Ein Mann gibt Auskunft*. Gedichte, Atrium Verlag, Zürich 2015, S. 20.

Ab 5 Uhr früh Reis mit Huhn, in: *Sonderbares vom Kurfürstendamm*. Berliner Beobachtungen, hrsg. von Sylvia List, Atrium Verlag, Zürich 2015, S. 44–49.

Hauptgewiñ 5 Pfund Prima Weitzenmehl! (Auszug), in: *Gemischte Gefühle*, Bd. 1, S. 210–213.

Möblierte Melancholie, in: *Lärm im Spiegel*. Gedichte, Atrium Verlag, Zürich 2014, S. 89.

Hier werden Junggesellen aufgefrischt, in: *Sonderbares vom Kurfürstendamm*, S. 77–81.

Besuch vom Lande, in: *Ein Mann gibt Auskunft*, S. 65.

Das ist Berlin!, in: *Sonderbares vom Kurfürstendamm*, S. 100 f.

Irrenhaus Berlin (gek. Auszug), in: *Der Gang vor die Hunde*. Roman, hrsg. von Sven Hanuschek, Atrium Verlag, Zürich 2013, S. 90–93.

Ragout fin de siècle, in: *Ein Mann gibt Auskunft*, S. 22.

Zwanzig Autogramme, in: *Wer Kind bleibt, ist ein Mensch*. Von Kicherfritzen, dem vergesslichen Christoph und anderen, hrsg. von Sylvia List, Atrium Verlag, Zürich 2016, S. 127 f.

Vox populi, Erstdruck: *Simplicissimus*, 3. 6. 1929.

Die Weidendammer Brücke (Auszug), in: *Pünktchen und Anton*. Roman für Kinder, Atrium Verlag, Zürich 2018, S. 64.

Der Streichholzjunge, in: *Sonderbares vom Kurfürstendamm*, S. 127 f.

Erich Kästner erinnert sich: Berlin um 1930, in: Kramberg, BR, 23. 2. 1959, S. 3.

Die »höfische« Kunstepoche, Erstdruck: *Neue Freie Presse*, Wien, 25. 9. 1932.

Berliner Vereinsleben, in: *Zeitgenossen, haufenweise*. Gedichte. Werke, hrsg. von Franz Josef Görtz, Bd. 1, Carl Hanser Verlag, München, Wien 1998, S. 332.

Dr. Goebbels' weiße Mäuse (gek.), in: *Sonderbares vom Kurfürstendamm*, S. 102.

Marschliedchen, in: *Gesang zwischen den Stühlen*. Gedichte, Atrium Verlag, Zürich 2011, S. 99.

Kann man Bücher verbrennen?, in: *Über das Verbrennen von Büchern*, Atrium Verlag, Zürich 2012, S. 7–11.

Erich Kästner erinnert sich: Berlin 1933 und danach, in: Kramberg, BR, 23.2.1959, S. 3 f.

Elegie nach allen Seiten, in: *Gesang zwischen den Stühlen*, S. 53.

Kleines PS. über die Berliner (gek.), Lokalspitze, wohl für die Berliner Beilage der *Neuen Zeitung*. Handschriftliches Manuskript, DLA Marbach. Fragment, o.T., o.D. (etwa Frühjahr 1947).

Erich Kästner, 1899 in Dresden geboren, begründete gleich mit seinen ersten Büchern seinen Weltruhm: *Herz auf Taille* (1928) und *Emil und die Detektive* (1929). Nach der Machtübernahme der Nationalsozialisten wurden seine Bücher verbrannt, sein Werk erschien nunmehr in der Schweiz im Atrium Verlag. Er erhielt zahlreiche literarische Auszeichnungen, u. a. den Georg-Büchner-Preis. Er starb 1974 in München.

Sylvia List arbeitete als Verlagslektorin, Redakteurin und Übersetzerin. Seit einigen Jahren ist sie Herausgeberin von Anthologien mit bekannten und unbekannten Texten Erich Kästners, u. a. *Goethe und die Schrebergärtner, Kästner im Schnee, Morgen, Kinder, wird's nichts geben!, Sonderbares vom Kurfürstendamm, Wer Kind bleibt, ist ein Mensch, Monolog in der Badewanne* und *Freundschaft auf den ersten Blick*.

Bücher von Erich Kästner bei Atrium

Als ich ein kleiner Junge war

Bei Durchsicht meiner Bücher

Das Blaue Buch

Der Gang vor die Hunde

Der Herr aus Glas

Der kleine Grenzverkehr

Der tägliche Kram

Der Zauberlehrling

Die dreizehn Monate

Die kleine Freiheit

Die Schule der Diktatoren

Die verschwundene Miniatur

Doktor Erich Kästners lyrische Hausapotheke

Drei Männer im Schnee. Inferno im Hotel

Ein Mann gibt Auskunft

Fabian. Die Geschichte eines Moralisten

Gesang zwischen den Stühlen

Herz auf Taille

Kurz und bündig. Epigramme

Lärm im Spiegel

Notabene 45

Über das Verbrennen von Büchern

Geschenkbücher

Herausgegeben von Sylvia List

Sonderbares vom Kurfürstendamm
Berliner Beobachtungen

Freundschaft auf den ersten Blick
Von alten, jungen und neuen Freunden

Monolog in der Badewanne
Erich Kästner über die Männer

Wer Kind bleibt, ist ein Mensch
Von Kicherfritzen, dem vergesslichen Christoph und anderen

Man schwitzt und fragt: Wann hört das auf?
Sport mit Erich Kästner

Verlobung auf dem Seil
Vom Heiraten und sonstigen Schwierigkeiten

Kästner im Schnee
Geschichten, Gedichte und Briefe von Erich Kästner

Meine Mutter zu Wasser und zu Lande
Geschichten, Gedichte, Briefe

Hurra, Ferien!

Goethe und die Schrebergärtner
Geschichten und Gedichte aus der deutschen Heimat

Zwischen hier und dort
Reisen mit Erich Kästner

Meine Katzen
Von Pola, Lollo, Butschi und Anna

Morgen, Kinder, wird's nichts geben!
Mehr oder weniger Weihnachtliches

Die Entlarvung des Osterhasen
Geschichten und Gedichte

Interview mit dem Weihnachtsmann
Schöne Bescherungen